Emilia D. y el Primer Día Temeroso

Escrito e Ilustrado por Sivan Hong

First Spanish Edition 2023

Amitz Press

ISBN: 978-1-7367444-9-9

Dedicado a Erick, Benjamin y Josh, quienes hacen de cada día un día súper divertido.

Hola. Mi nombre es
Emilia D.

Mis cosas favoritas son
los unicornios, las
magdalenas rosas y mi
perro esponjoso Mango.

Mañana es el primer día de clases.

Mi mamá dice que será emocionante. Mi papá dice que será una aventura.

Yo digo "De ninguna manera. De ninguna manera. No será divertido en absoluto.

Aquí está mi lista de 5 razones principales por las que no estoy emocionada por el primer día de clases.

1. Extrañaré a la Sra. Nicole. Fue mi maestra el año pasado y fue muy, muy agradable.

2.

Habrá niños nuevos en la clase que no conozco. Mi amiga Liliana O. no estará en mi clase este año.

Tengo miedo de hacer nuevos amigos.

3. Mi horario de clases será diferente este año. Me gusta el horario que tuvimos el año pasado. Incluso me lo sabía de memoria.

Ms. Nicole Class Schedule

Morning Meeting
Reading
Snack
Math
Lunch
Choice
Recess
Writing
Closing Circle

4.

Estaré en un nuevo salón de clases. No sabré dónde está nada y eso se me hace difícil.

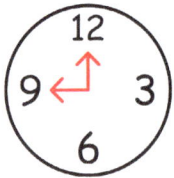

A B C

1 2 3

September

MAYA

BENNY

EMILY

5. El primer día de clases significa que el verano ha terminado. El verano es súper divertido.

¿Cuál es tu lista de cosas que te ponen nerviosa el primer día de clases?

El día siguiente...

Me despierto temprano. Me cuesta dormir cuando estoy nerviosa.

Mi papá me ayuda a prepararme para la escuela y me trae mi bonita mochila nueva.

Llevo un brazalete especial en mi muñeca con el que puedo jugar durante el día. Me ayuda a concentrarme en lo que dice el maestra.

Mi mamá me lleva a la escuela. Llegamos antes de que lleguen los otros niños para que yo pueda ser la primera en conocer a mi maestra.

Entro en mi nuevo salón de clases sosteniendo la mano de mi mamá. Sostengo su mano con mucha fuerza.

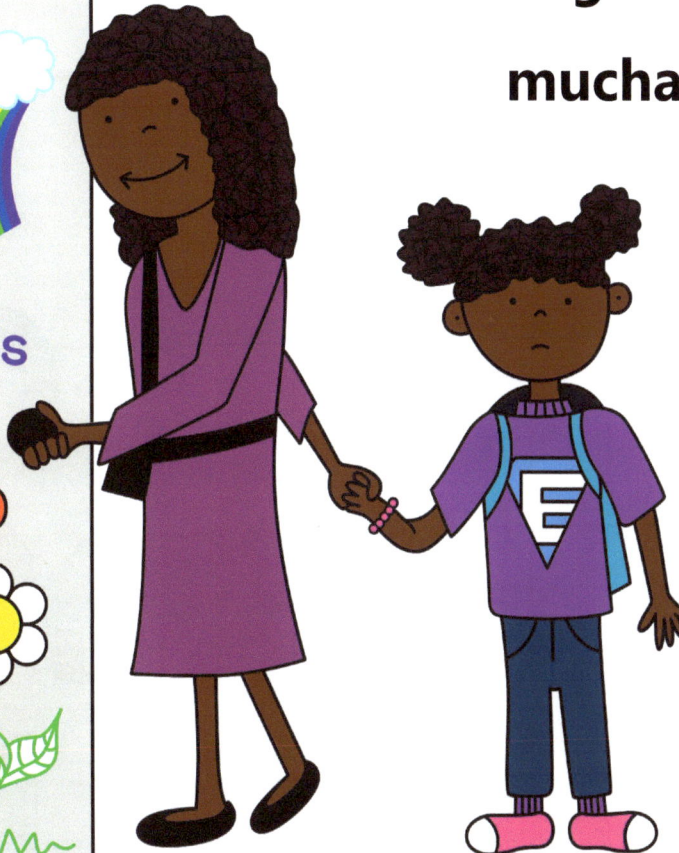

WELCOME

Ms. Kelly's Class

Mi nueva maestra, la Sra. Kelly, está allí para saludarnos. Se inclina para estrecharme la mano y me da una gran sonrisa.

Schedule
- Morning Meeting
- Reading
- Choice
- Lunch
- Writing
- Snack
- Math
- Recess
- Closing Circle

BENNY PAIGE JT EMILY

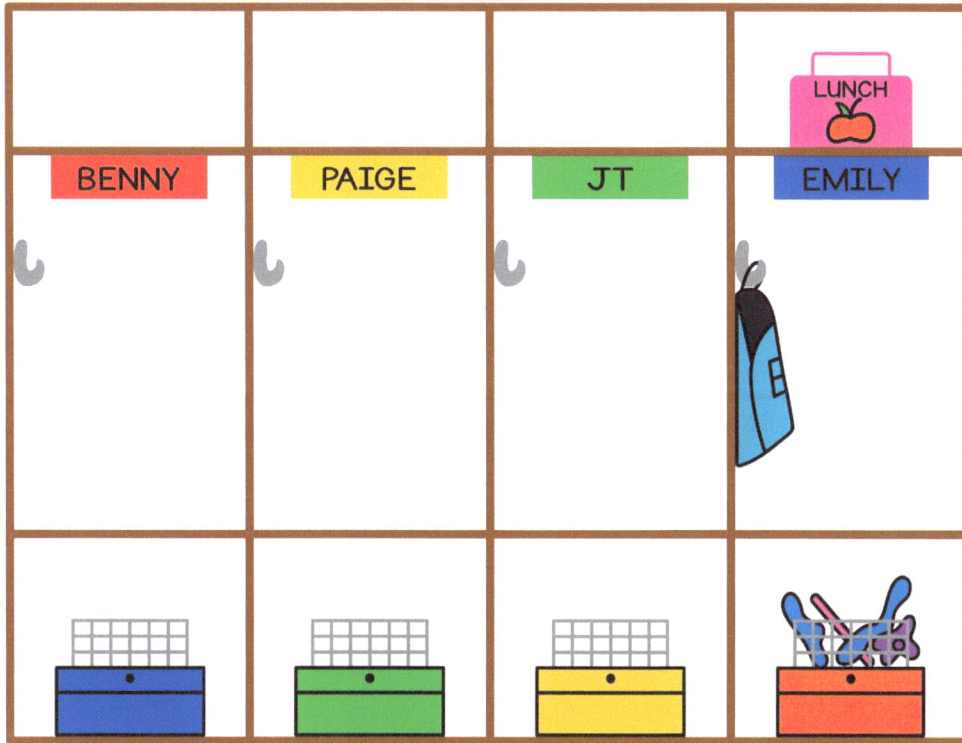

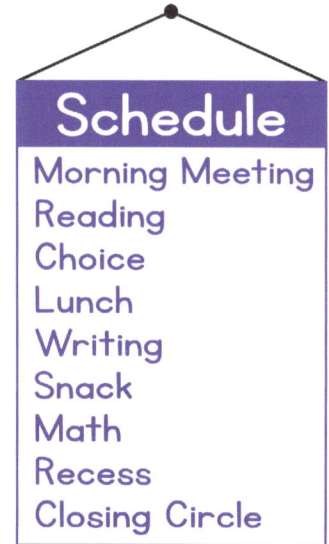

La Sra. Kelly me muestra mi nuevo salón de clases. Cuelgo mi mochila en mi gancho y encuentro mi nombre junto a mi silla. Me muestra el horario de clases y dónde se encuentra mi cubículo.

Nos sentamos en el rincón de lectura y la Sra. Kelly me lee un cuento. me siento muy especial.

Es hora de que mi mamá se vaya y la escuela comience. Mamá me dice adiós con la mano y sé que todo estará bien.

Otros niños comienzan a llegar.

Ellos también se ven nerviosos.

La Sra. Kelly comienza el día con la reunión de la mañana y seguimos el horario de clases.

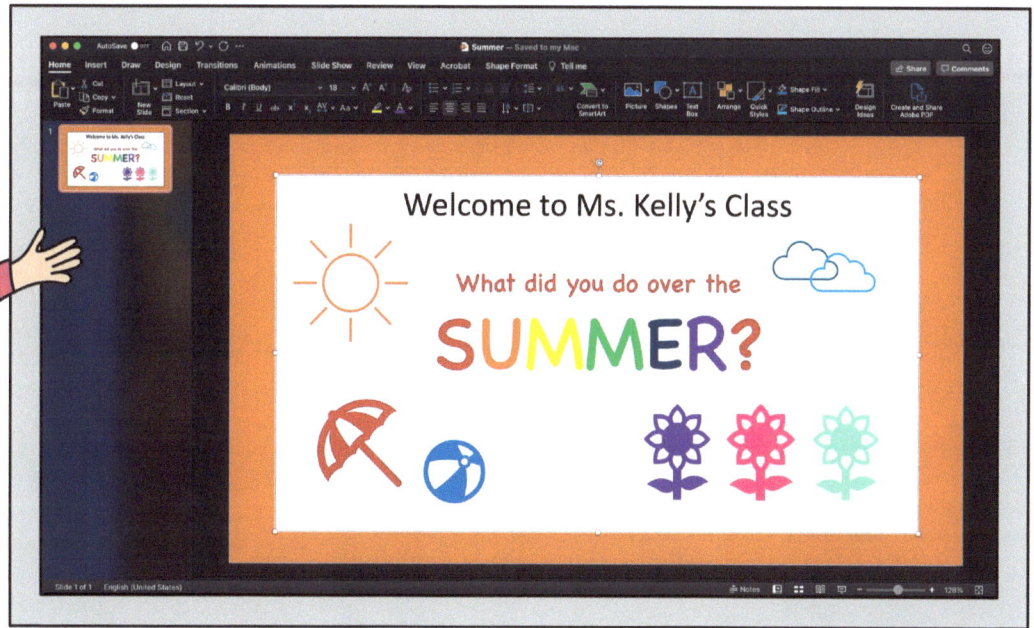

En el recreo, incluso puedo ver Liliana O.

Seguimos siendo amigas.

Antes de darme cuenta, es hora de regresar a casa.

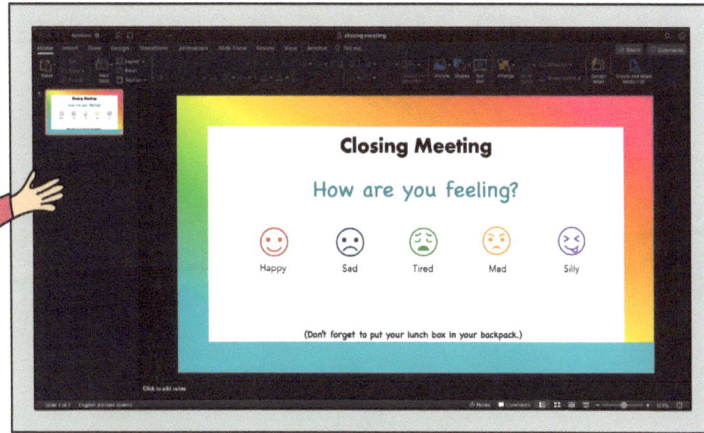

Este año no será igual al año pasado. ¡Pero sé que será un año súper divertido!

El Fin

www.ingramcontent.com/pod-product-compliance
Lightning Source LLC
Chambersburg PA
CBHW041557040426
42447CB00002B/200